La selva tropical

por Maria Alaina

Consultora:
Adria F. Klein, Ph.D.
California State University, San Bernardino

capstone
classroom
Heinemann Raintree • Red Brick Learning
division of Capstone

Fuimos a la selva tropical. En primer lugar, vimos muchos árboles.

Los árboles de la selva tropical están cubiertos de lianas y musgo.

En segundo lugar, vimos pájaros tropicales.

Los tucanes y los guacamayos son pájaros de la selva tropical.

En tercer lugar, vimos un montón de mariposas.

Las mariposas son insectos de la selva tropical.

En cuarto lugar, vimos monos.

Los monos y los gorilas son animales que viven en la selva tropical.

En quinto lugar, vimos un perezoso.

Los perezosos y las serpientes son también animales de la selva tropical.

En sexto lugar, vimos hongos.

Los hongos crecen en el suelo de la selva tropical.

En séptimo lugar, vimos una flor hermosa.

Las flores y los frutos crecen en la selva tropical.

¡La selva tropical es un lugar con mucha actividad!